EDICT,
DECLARATION
ET ARREST,

Portans ampliation & pouuoir aux Huissiers & Sergens d'exploicter par tout le Royaume, nonobstant la distinction des ressorts où ils sont establis, & la residence qui leur est limitée par leurs prouisions.

Janvier 1586.

A PARIS,
Chez P. DES-HAYES, & A. CELLIER, ruë de la Harpe, aux Gands Couronnez, prés la Roze Rouge.

M. DC. LVII.

Edict portant attribution à tous les Huissiers & Sergens, d'exploiter par tout le Royaume, nonobstant la distinction des ressorts où ils sont establis, & la residence qui leur est limitée par leurs prouisions.

Verifié en Parlement le 16. Iuin 1586.

HENRY par la grace de Dieu, Roy de France & de Pologne, à tous presens & à venir, Salut. Les feus Roys nos predecesseurs d'heureuse memoire, que Dieu absolue; considerans cydeuant, que la sincere administration de la Iustice estoit vn des principaux moyens pour tenir leurs peuples en deuoir, & regner pacifiquement, auroient d'ancienneté estably Iuges & Magistrats pour l'exercice de ladite Iustice és lieux où se trouuoit en estre besoin. Mais parce que les Ordonnances & Iugemens de ces Iuges & Magistrats sembloient demeurer inutils, pour n'estre par le ministere d'autrui, signifiez & executez selon qu'il estoit Ianuier 1586.

requis, nosdits predecesseurs Roys, auroient aussi creé & estably prés desdits Iuges & és autres lieux, Villes & Villages de l'estenduë de leurs ressorts & Iurisdictions, des Sergens Royaux, auec pouuoir de mettre à execution seulement, les Ordonnances & Iugemens desdits Iuges, ensemble les contracts & obligations passées sous les Seaux establis és lieux de leur residence. Chose qui a toutesfois apporté telle longueur & incommodité à nos Subjets, lesquels pour estre contraints prendre de lieu en lieu des Sergens, sont constituez en infinis frais, Que le plus souuent les Iugemens & obligatiõs qu'ils desiroient faire mettre à executions, leur demeuroient inutils. Ce qu'ayant esté remonstré au feu Roy Charles, dernier decedé, nostre tres-cher Sieur & Frere, il auroit pour à ce pouruoir par son Edict du mois de May 1568. & Declaration du vnziéme iour de Septembre ensuiuant, verifiez où besoin a esté, Voulu & ordonné, Que nos Huissiers & autres Sergens Royaux és Bailliages, Seneschaussées & autres Iurisdictions ordinaires & Royales, pourroient mettre à execution, en tous les lieux & endroicts de ce Royaume & pays de noſtre obeyſſance, tous Arreſts, Sentences, Iugemens, obligations & tous autres actes giſans en execution, ſans prendre ou demander aucun congé, permiſſion, placet, viſa, pareatis : Et outre ce, creé encores par autre ſon Edict, quelque nombre de Sergens à cheual, outre le nombre ancien, eſperant par ce moyen releuer de cette premiere incommodité noſdits Sujets : leſquels toutefois ſont demeurez priuez en cedit endroit de la ſincere intention de noſtre feu Seigneur & Frere, par la contention des autres Sergens, leſquels ont pertinacement pourſuiuy la reuocation deſdits pouuoir & augmentation, portée par noſtre Edict du mois de Iuin 1579. Et parce que nous deſirons, à l'imitation de noſdits predeceſſeurs Roys, ſoulager noſdits Subjets en tout ce qui nous ſera poſſible : Et apres auoir mis cét affaire en deliberation auec les Gens de noſtredit Conſeil. AVONS par ce preſent noſtre Edict perpetuel & irreuocable, dit, declaré & ordonné, diſons, declarons & ordonnons, voulons & nous plaiſt, que toutes les executions des lettres Patentes, expediées tant en noſtre grande Chancellerie, qu'autres de ce

Royaume, Arrests, Iugemens, Ordonnances & Commissions de nos Cours de Parlemens, Cours des Aydes, Chambres de nos Comptes, & autres nos Cours Souueraines, & semblablement les Sentences tant des Iuges du Tresor, Baillifs, Seneschaux, ou leurs Lieutenans, Sieges Presidiaux, Gouuerneurs des Chancelleries, Preuosts, Chastelains, Eleus, Grands Maistres de nos Eaux & Forests, Maistres particuliers d'icelles & leurs Lieutenans, Greneticrs des Greniers à Sel, que de tous autres nos Iusticiers & Officiers quelconques, soient doresnauant executez en ce qui concernera le ministre de Sergens, par le premier des Huissiers en nosdites Cours de Parlemens, des Aydes, Chambres de nos Comptes, & autres Cours Souueraines, des Eaux & Forests & Iuges du Tresor, Sergens Royaux des Bailliages, Seneschaussées, Preuostez, Sieges Presidiaux, Elections, Greniers à Sel, des Tailles & Taillon, Paroisses, Sergens fiessez & autres pourueus de nous & de nos predecesseurs Roys en toutes les Iurisdictions ordinaires, extraordinaires & Royales: Et ce, par tous les lieux & endroits de nostre Royaume, Pays, Terres

& Seigneuries de noſtre obeyſſance, que beſoin ſera, ſans pour ce prendre ou demander aucun congé, permiſſion, placet, viſa, ne pareatis : Nonobſtant la diſtinction des reſſorts ſous leſquels leſdits Huiſſiers & Sergens ont eſté eſtablis, ny la reſidence qui leur eſt limitée par leurs prouiſions & receptions eſdits Offices. Voulons auſſi qu'auſdits Huiſſiers & Sergens allans exploiter hors l'eſtenduë de leurs Iuriſdictions, leur ſoit fait taxe ſuiuãt noſtre Edict du mois de Iuin 1579. portant reuocation d'icelle, ampliation & augmẽtation dudit pouuoir cy-deuant attribué auſd. Huiſſiers & Sergens, que nous auõs reuoqué & reuoquons. Et afin que noſtre preſente intention ſoit entierement ſuiuie, defendons tres-expreſſement à tous nos Iuges & Officiers, Scyndics & Procureurs des Eſtats de nos Prouinces, & à tous autres, d'empeſcher ou retarder l'execution de noſdites Lettres, Arreſts, Sentences & Commiſſions, ſous pretexte dudit pareatis, ni autrement, à peine d'en rẽpondre en leurs propres & priuez noms: ſans toutefois que leſdits Huiſſiers & Sergens puiſſent changer le lieu de leur reſidence : ains ſeront tenus en faire expreſſe mention dans leurs procés verbaux & des Sieges & Iurisdictiõs où ils auront esté receus & immatriculez : gardant au surplus en faisant lesdits exploits, les Reglemens portez par nos Edicts & Ordonnances, à peine de nullité de tout ce qui seroit par eux fait au contraire. Et par ce que lesdits Huissiers & Sergens ne pourroient iouyr du pouuoir à eux attribué par ce nostre present Edict, sans prendre de nous Lettre d'ampliation, Nous voulons & entendons que dedans vn mois apres la publication des presentes pour tout delay, tous lesdits Huissiers & Sergens soient tenus prendre de nous, nos Lettres de permission pour iouyr dudit pouuoir, en nous payant la finance, à quoy pour raison de ce, ils seront taxez en nostredit Conseil, pour estre les deniers qui en prouiendront, employez en nos presens, vrgens & pressez affaires, quelques Lettres qu'ils puissent auoir cy-deuant obtenuës pour mesme effect, que ne voulons auoir lieu. Et où lesdits Huissiers ou Sergens seroient si peu affectionnez au soulagement du public, & à la commodité qu'ils peuuent receuoir de ladite augmentation de pouuoir, que negliger à venir prendre nosdites Lettres de permiſſion dedans le temps ſuſdit, Entendons que iceluy paſſé ils ne ſoient plus receus, ains qu'ils ſoient rembourſez de la finance qu'ils monſtreront auoir payée en nos Parties Caſuelles, pour la compoſition de leurs Offices, ſans fraude ou deguiſement, & de leurs loyaux couſts, pour apres eſtre par nous pourueu eſdits Offices en leurs places, autres perſonnes ſuffiſantes & capables. Enjoignons tres-expreſſément à tous nos Iuges proceder contre ceux deſdits Huiſſiers ou Sergens qui ſe trouueront auoir exploité hors leurs reſſorts & reſidence, ſans auoir obtenu noſdites Lettres de permiſſion, en vertu deſdites preſentes, & ce par priuation de leurs Offices, & ſans aucune moderation de peine. A quoy mandons à nos Procureurs des lieux, tenir la main, & en faire toutes les pourſuites, perquiſitions & diligences qui ſeront requiſes, meſmes enuoyer le iugement qui interuiendra, ſelon que deſſus eſt dit à noſtre Procureur au Siege où ledit Huiſſier ou Sergent aura eſté immatriculé, afin de le faire rayer du matricule. Et d'autant qu'à l'occaſion des preſens troubles & difficulté des chemins, il ſeroit mal-aiſé que lesdits Huissiers ou Sergens peussent librement venir par deuers nous prendre l'expedition de nosdites Lettres de permission : Nous, pour leur soulagement & éuiter à frais, permettons ausdits Huissiers & Sergens prendre lesdites Lettres (si bon leur semble) de nostre grand Seel, ou de celuy de nos Chancelleries, establies, lez nos Parlemens, à leur choix & option, lesquelles Lettres nous auons dés à present validées & authorisées, validons & authorisons : pour le Seau de chacune desquelles, ordonnons toutefois estre seulement payé dix sols tournois. Et neantmoins pour faire connoistre ausdits Huissiers ou Sergens le desir qu'auons de les gratifier, en consideration du prompt secours que receurons d'eux, en les accommodant de ladite augmentation de pouuoir, Permettons dés à present à ceux desdits Huissiers ou Sergens qui auront leué leurs Lettres de permission suiuant nostre present Edict, resigner, sans payer finance pour la premiere fois, leurs Offices auec ladite augmentation de pouuoir, comme iointe à iceux, à telles personnes capables qu'ils aduiseront : Et dauantage, pour recompenser lesdits Sergens à cheual de l'intereſt qu'ils pourroient pretendre au moyen de la preſente attribution de pouuoir : leur auons auſſi permis & permettons reſigner pour la premiere fois leurſdits Offices à perſonnes capables, ſans pour ce payer aucune Finance, laquelle de grace ſpeciale leur remettons à quelque ſomme qu'elle ſe puiſſe monter, par ceſdites preſentes : Par leſquelles donnons en mandement à nos amez & feaux Conſeilers, les Gens tenans nos Cours de Parlemens, Baillifs, Seneſchaux & autres nos Iuſticiers & Officiers qu'il appartiendra, que ceſdites preſentes, ils facent lire, publier & enregiſtrer, garder, entretenir & obſeruer, ſelon leur forme & teneur, & du contenu, iouyr & vſer pleinement & paiſiblement, leſdits Huiſſiers & Sergens, ceſſans & faiſans ceſſer, tous troubles & empeſchemens au contraire : le tout nonobſtant oppoſitions ou appellations quelconques, & ſans preiudice d'icelles, deſquelles auons retenu & reſerué la connoiſſance, icelle interdiſant à toutes nos Cours de Parlemens & Iuges quelconques : CAR tel eſt noſtre plaiſir, Nonobſtant noſtre-dit Edict du mois de Iuin 1579. portant les reuocations ſuſdites, faites à la pourſuite deſdits Sergens à cheual, Arreſts donnez ſur la verification & en conſequence d'icelles, tant en nos Cours de Parlemens, qu'en noſtre Conſeil d'eſtat, en faueur deſdits Sergens à cheual, & quelconques autres Edicts, Ordonnances, Mandemens, Defenſes & Lettres à ce contraires: Auſquelles, & aux derogatoites des derogatoires y contenuës, nous auons derogé & derogeons par ceſdites preſentes. Et afin que ce ſoit choſe ferme & ſtable à toujours, nous auons à icelles, fait mettre noſtre Seel, ſauf en autre choſe noſtre droict & l'autruy en toutes. DONNE' à Paris au mois de Ianuier, l'an de grace 1586. & de noſtre regne le douziéme. Signé, HENRY: & plus bas, PINART. Et ſeellé du grand Seel de cire verte, auec lacs de ſoye rouge & verte. Et ſur ledit reply eſt écrit:

Leu, publié & regiſtré en la Cour de Parlement, Ouy & conſentant le Procureur General, le Roy y ſeant, le 16. Iuin, l'an 1586.

Signé, DEHEVEZ.

Declaration du Roy, Portant confirmation & ampliation du pouuoir attribué aux Huissiers & Sergens, d'exploiter par tout le Royaume.

LOVIS par la grace de Dieu Roy de France & de Nauarre, A tous ceux qui ces presentes Lettres verront, Salut. Le feu Roy Henry III. que Dieu absolue, ayant par son Edict du mois de Ianuier 1586. accordé à tous Huissiers & Sergens le pouuoir d'exploicter par tout le Royaume; tous Arrests, Sentences, Obligations & Actes de Iustice, de quelques Iuges & Iurisdictions que ce fust, tant souueraines, qu'inferieures, pour éuiter les abus par eux commis dans la liberté qu'ils prenoient, d'y exploiter sans aucune permission, dont s'estoit ensuiuy de grandes plaintes & infinies faussetez & procez entre nos sujets, pour la cassation des exploicts qui estoient faits par lesdits Huissiers & Sergens: ledit Edict n'ayant esté entierement executé: le feu Roy Henry IV. auroit par Arrest dudit Con-

17. Juillet 1633.

Iuillet 1610. portant reuocation de plusieurs Edicts, entr'autres dudit Edict de 86. De l'Aduis de nostre Conseil, où estoient aucuns Princes de nostre sang, & Officiers de nostre Couronne, & de nostre pleine puissance & authorité Royale, Nous auons sans s'arrester à ladite Declaration du mois de Iuillet 1610. & Arrests donnez sur icelle, Dit, & declaré, disons & declarons, voulons, ordonnons & nous plaist, que ledit Edict du mois de Ianuier 1586. & Arrest de nostre Conseil du 27. Nouembre 1594. soient executez selon leur forme & teneur, & ce faisant que nos Huissiers & Sergens Royaux, exploitent doresnauant par tout nostre Royaume, & mettent à execution toutes Lettres Patentes, Arrests, Iugemens, Ordonnances, Commissions tant de nostre grande Chancellerie, & autres de ce Royaume, Cours Souueraines, Iuges du Tresor, Baillifs, Seneschaux ou leurs Lieutenans, Presidiaux, Gouuerneurs des Chancelleries, Preuosts, Chastelains, Esleus, Grand Maistre des Eaux & Forests, Maistres particuliers d'icelles, leurs Lieutenans, Grenetiers au Grenier à Sel, que de nos autres Iusticiers & Officier ſeil du 27. Nouembre 1594. confirmé ledit Edict, & fait continuer l'execution d'iceluy iuſques en l'annee 1610. qu'il auroit eſté reuoqué par Declaration du mois de Iuillet audit an. Mais comme depuis ledit temps la plus grande partie deſdits Huiſſiers & Sergens ſont decedez, & d'autres ont vendu & diſpoſé de leurſdits Offices, les meſmes plaintes arriuées de toutes les Prouinces en noſtre Conſeil, de ce que la pluſpart deſdits Huiſſiers & Sergens, ſans pouuoir ny permiſſion, ou ſous faux tiltre, exploitent impunément par tout, qui donne lieu aux plaideurs de faire les inſtances de faux, faire caſſer des decrets & pluſieurs procedures, dont nos ſujets ſont grandement foulez; Comme auſſi pluſieurs deſdits Huiſſiers & Sergens ſe preſentent, qui demandent & requierent iouyr dudit benefice comme leurs deuanciers, en payant la finance moderée, à laquelle ils ſerõt taxez en noſtredit Conſeil: A CES CAVSES, ayant fait mettre cét affaire en deliberation en noſtre Conſeil, & fait repreſenter ledit Edict d'ampliation de ladite année 1586. Arreſt de noſtre Conſeil du 27. Nouembre 1594. Lettres de Declaration du 22.

generalement quelconques, en ce qui concernera le miniſtere des Sergens ; le tout conformément audit Edict & Arreſt de ladite année 1586. & 27. Nouembre 1594. meſmes à l'Arreſt de noſtre Conſeil d'Eſtat du 30. Iuillet dernier 1633. En finançant toutefois par leſdits Huiſſiers & Sergens, qui n'ont ledit pouuoir, ou qui n'ont financé pour raiſon d'iceluy, la taxe qui en ſera ſur ce faite en noſtre dit Conſeil. Et pour auoir connoiſſance de ceux, qui ſeront ſujets de prendre leſdites ampliations, tous leſdits Huiſſiers & Sergens Royaux, tant deſdits Preſidiaux qu'autres Iuriſdictions ordinaires & extraordinaires, Rapporteront vn mois apres la publication des preſentes, leurſdites Lettres de prouiſion & quittances de finance, par deuant les Commiſſaires qui ſeront deputez ou ſubdeleguez par les Prouinces, pour recongnoiſtre s'ils ont ledit pouuoir, à peine de ſuſpenſion de leurs charges. Pour eſtre ceux qui ſe trouueront auoir bien & deuëmẽt obtenu ledit pouuoir, Cõſeruez & maintenus en la iouiſſance d'iceluy: Et ceux qui trouueront n'auoit ledit pouuoir, ſeront contraints au payement de

ladite

ladite taxe : & iuſques à ce, ne pourront exploicter, à peine de faux, & d'eſtre procedé contr'eux ainſi qu'il appartiendra.

Si donnons en mandement à noſtre tres-cher & feal, le ſieur Seguier, Cheualier, Garde des Seaux de Frãce, de faire lire & publier le Seau tenant noſtre preſente Declaration, & icelle enregiſtrer és regiſtres de l'Audience de la Grande Chancellerie, pour en iouïr par leſdits Huiſſiers & Sergens, pleinement paiſiblement, ſans ſouffrir ny permettre qu'il y ſoit contreuenu en quelque maniere que ce ſoit, nonobſtant oppoſitions ou appellations quelconques, tous Edicts, Arreſts, Declarations, & Lettres à ce contraires, auſquelles pour ce regard, nous auons derogé & derogeons par ces preſentes, & deſquelles oppoſitions ou appellations, nous reſeruons la connoiſſance à noſtredit Conſeil, & icelle interdite, à toutes nos Cours & Iuges quelconques. Enioignons aux Subſtituts de nos Procureurs Generaux, Preſidiaux, Bureaux de Finances, Baillifs, Seneſchaux & autres Iuſtices Royales, de tenir la main à l'execution des preſentes, desquelles d'autant que l'on pourra auoir besoin en plusieurs & diuers lieux, nous voulons qu'à la copie deuëment collationnée par l'vn de nos amez & feaux Conseillers & Secretaires, foy soit adioustée comme à l'original : CAR tel est nostre plaisir. En témoin dequoy nous auons fait mettre nostre Seel à cesdites presentes, sauf en autre chose nostre droict & l'autruy en toutes. DONNÉ à Chantilly le dix-septiéme iour de Iuillet, l'an de grace mil six cens trente-trois, & de nostre regne le vingt quatriéme. Signé, LOVIS : & sur le reply, Par le Roy, DE LOMENIE. Et seellée du grand Seau de cire iaune, Et encor est écrit :

Leu, publié le Seau tenant, de l'Ordonnance de Monseigneur Seguier, Cheualier, Garde des Seaux de France, moy Conseiller du Roy en ses Conseils & Grand Audiencier de France present, & registré és registres de l'Audience de France : A Paris le vingt-septiéme Auril mil six cens trente-quatre. Signé, LIONNE.

Arrest du Conseil d'Estat confirmatif du pouuoir attribué aux Huissiers & Sergens d'Exploiter par tout le Royaume.

Extraict des Registres du Conseil d'Estat.

SVR la requeste presentée au Roy en son Conseil par Matthias Courgas, Sergent Royal aux Eaux & Forests du Comté de Baugency, que ayant sa Majesté par sa Declaration du 17. Iuillet 1633. donnée en consequence de l'Edict du mois de Ianuier 1586. attribué à tous Huissiers & Sergens le pouuoir d'exploiter & mettre à execution par tout le Royaume, tous Contracts, Obligations, Lettres Patentes, Arrests, Iugemens, Ordonnances, Commissions & autres actes emanez des Chancelleries, Cours Souueraines & Iuges Royaux, excepté le seellé du Chastelet de Paris, il auroit payé la taxe sur luy faite audit Conseil, pour iouyr dudit pouuoir, & obtenu Lettres de ladite ampliation, à l'enregistrement des- *16. May 1635.*

quelles, la Communauté des Sergens du Bailliage d'Orleans s'estant opposée par Sentence du Bailly de ladite ville, ou son Lieutenant du 12. Fevrier dernier, renduë sur ladite opposition, auroit esté ordonné que lesdites Lettres d'ampliation seroiët registrée au Greffe dudit Bailliage, & permis audit Suppliant, d'exploiter & mettre à execution par tout le Royaume, tous mandemens de son Iuge & non autre, Que si ladite Sentence auoit lieu, & le pouuoir d'exploicter par tout le Royaume, attribué aux Huissiers & Sergens par lesdits Edict, Declaration & Arrests donnez en consequence, demeuroit restraint & limité pour les mandemens des Iuges des Iurisdictions, esquelles chacun d'eux est estably seulement, ladite attribution leur seroit infructueuse; & lesdits Edict, Declaration & Arrest dudit Conseil, demeureroient sans effect. Requeroit qu'il pleust à sa Majesté sur ce luy pouruoir. VEV ladite requeste. La Declaration de sa Majesté du 17. Iuillet 1633. portant pouuoir à tous Huissiers & Sergens d'exploicter & mettre à execution tous mandemens de Iustice par tout le Royaume. Quittance de la somme de vingt-cinq liures payée par ledit Courgas pour iouïr dudit pouuoir, du premier iour d'Aoust 1634. controllée ledit iour. Les lettres obtenuës par ledit Courgas, du 23. dudit mois audit an, signées sur le reply, Par le Roy, Chouayne, & seellées, portãt ledit pouuoir d'exploiter & mettre à execution les mandemens de toutes Cours & Iuges, excepté le seellé du Chastelet de Paris. Requeste presentée par ledit Courgas au Bailly d'Orleans ou son Lieutenãt, afin de registrement desdites Lettres. Acte de l'opposition du Syndic & Communauté des Sergens Royaux du Bailliage d'Orleans, à l'enregistrement desdites lettres. Sentence dudit Bailly d'Orleans ou son Lieutenant, du douziéme Fevrier dernier, par laquelle il auroit ordonné que les Lettres d'ampliation obtenuës par ledit Courgas, seroient registrées au Greffe dudit Bailliage, & à luy permis d'exploicter & mettre à execution par tout le Royaume, tous mandemens de son Iuge seulement, & non autres : & sur les Conclusions du Procureur de sa Majesté audit Bailliage, que les Sergens ayans obtenu Lettres d'ampliation, seroient tenus les rapporter, pour icelles veuës & communiquées audit Procureur du Roy, estre ordonné ce que de raison. Arrests dudit Conseil des 5. Aoust 1633. & 21. Nouembre 1634. Et tout consideré. Ouy le rapport du Commissaire à ce deputé : LE ROY EN SON CONSEIL, sans auoir esgard à la Sentence du Bailly d'Orleans ou son Lieutenant, dudit 12. Feurier dernier, & cõformément ausdits Edict, Declaration & Arrests dudit Conseil, A ordonné & ordonne que ledit Courgas & autres Huissiers & Sergens qui auront payé leurs taxes, & obtenu Lettres de sa Majesté pour ladite ampliation, Exploicteront par tout le Royaume, & mettront à execution toutes Ordonnances & Mandemens, tant de leurs Iuges, que de tous autres Iuges Royaux, quels qu'ils soient, excepté le seellé du Chastelet de Paris. Fait sa Majesté defences à la Communauté des Sergens du Bailliage d'Orleans & tous autres, d'y troubler & empescher ledit Courgas & autres Huissiers & Sergens des Eaux & Forests, & autres Iurisdictiõs Royales, qui auront financé pour jouyr dudit pouuoir, à peine de tous despens, dommages & interests. Enjoinct sa Majeſté, Audit Bailly d'Orleans, ſon Lieutenant, Iuges Preſidiaux dudit lieu, & tous autres Iuges, de faire jouyr leſdits Huiſſiers & Sergens, de l'effect & contenu auſdits Edict, Declaration & Arreſts dudit Conſeil, & proceder à l'enregiſtrement des Lettres d'ampliation qui leur ſeront preſentées par leſdits Huiſſiers & Segens, ſans aucune reſtrinction, nonobſtant oppoſitions ou appellatiōs quelconques, faites & à faire, deſquelles ſa Majeſté s'eſt reſeruée la connoiſſance en ſondit Conſeil, & icelles interdite & defenduë à toutes ſes Cours & Iuges. FAIT au Conſeil d'Eſtat du Roy, tenu à Paris le ſeiziéme iour de May mil ſix cens trente-cinq. Signé, DE BORDEAVX.

Collationné aux Originaux par moy Conſeiller Secretaire du Roy, & de ſes Finances.

www.ingramcontent.com/pod-product-compliance
Lightning Source LLC
LaVergne TN
LVHW010015230826
846092LV00002B/828

* 9 7 8 2 3 2 9 5 9 2 3 6 7 *